BEI GRIN MACHT SICH IHR
WISSEN BEZAHLT

Trainingsplanung, Meso- und Makrozyklus und Auswertung. Effekte des Krafttrainings bei Osteoporose

Zoe Schwedl

Bibliografische Information der Deutschen Nationalbibliothek:

Die Deutsche Nationalbibliothek verzeichnet diese Publikation in der Deutschen Nationalbibliografie; detaillierte bibliografische Daten sind im Internet über http://dnb.d-nb.de abrufbar.

ISBN: 9783346984692
Dieses Buch ist auch als E-Book erhältlich.

Druck und Bindung: Books on Demand GmbH, Norderstedt Germany
Gedruckt auf säurefreiem Papier aus verantwortungsvollen Quellen

Das vorliegende Werk wurde sorgfältig erarbeitet. Dennoch übernehmen Autoren und Verlag für die Richtigkeit von Angaben, Hinweisen, Links und Ratschlägen sowie eventuelle Druckfehler keine Haftung.

Das Buch bei GRIN: https://www.grin.com/document/1432043

Inhaltsverzeichnis

1 Diagnose

Die hier dargestellte Tabelle beinhaltet sowohl allgemeine, als auch biometrische Daten des Probanden. Zusätzlich sind zudem medizinische Diagnosen erfasst. Ergänzend zur ersten Tabelle folgt eine weitere Tabelle, welche sowohl die biometrischen Daten des Probanden mit wissenschaftlich anerkannten Normwerten vergleicht, als auch die Person, unter Berücksichtigung der klinischen Auffälligkeiten, hinsichtlich ihrer Trainier- und Belastbarkeit bewertet.

1.1 Allgemeine und biometrische Daten

Tabelle 1: Allgemeine und biometrische Daten

Allgemeine Daten	
Alter	22
Geschlecht	weiblich
Körpergröße	170cm
Körpergewicht	60 kg
Trainingsmotive	Muskelaufbau, Prävention von Haltungsproblemen, Linderung depressiver Symptomatik
Berufliche Tätigkeit	Studium ➔ daher überwiegend sitzende Tätigkeit
Aktuelle sportliche Aktivität	Ausdauersport ➔ Leistungsstufe: Anfänger ➔ Leistungsumfang: 2x die Woche a. 40 min.
Frühere sportliche Aktivitäten	Tanzen ➔ Leistungsstufe: Fortgeschrittener ➔ Leistungsumfang: 3x die Woche a. 2h
Zeitlicher Verfügbarkeitsrahmen	3x die Woche a. 90 min. max.
Biometrische Daten	
Blutdruck	128/83 mmHg
BMI	20,76 kg/m²
Körperfettanteil	29%
Allgemeiner Gesundheitszustand	Mittelschwere Depression

	→ fachärztliche und psychotherapeuti-
	sche Behandlung
	→ keine Medikamenteneinnahme

Tabelle 2: Bewertung der Diagnosedaten

Daten	Normwerte	Bewertung
Blutdruck	120-129 systolisch (mmHg) 80-84 diasystolisch	Der Blutdruck befindet sich im normalen Bereich
BMI	18,5-24,9 kg/m²	Der BMI befindet sich im normalen Bereich
Körperfettanteil	21-33%	Der Körperfettanteil befindet sich im normalen Bereich
Fazit		Die biometrischen Daten der Probandin lassen auf eine vollständige und uneingeschränkte Trainierbarkeit und Belastbarkeit schließen. Die psychosomatische Erkrankung des Probanden, in Form einer mittelschweren Depression, erfordert jedoch eine individuelle Anpassung von Training und Belastung. Die Trainingsplanung geschieht daher in Absprache mit einem Facharzt.

*Normwerte des Blutdrucks nach (Croci, 2020)

*Normwerte des BMI nach (WHO, 2020)

*Normwerte des Körperfettanteils nach (Gallagher et al., 2000)

1.2 Krafttestung

1.2.1 Auswahl des Testverfahrens

Bei dieser Probandin war die Intensitätsbestimmung über das subjektive Belastungsempfinden das geeignetste Testverfahren. Die Entscheidung fiel auf diese Testmethode, da Experten empfehlen, speziell beim gesundheitsorientierten Krafttraining, nicht die X-RM-Testung durchzuführen (Boeckh-Behrens, Buskies & Beier, 2002; Buskies et al.,

1996; Buskies, 1999; Buskies & Boeckh-Behrens, 2009), um so eine völlige Ausbelastung der Probandin zu verhindern. Bei der induktiven Intensitätssteuerung kann die Bestimmung der Belastungsintensität auch ohne Ausbelastung erfolgen.

Die subjektive Einschätzung wurde mittels der siebenstufigen Skala zur Ermittlung des subjektiven Belastungsempfindens (Boeckh-Behrens & Buskies, 2002, S. 32) kommuniziert, denn gerade für Trainingsbeginner erweist sich eine Einschätzung auf einer Skala von 6-20 gemäß der Borg-Skala (Borg, 2004, S. A1016) häufig als schwierig umsetzbar.

1.2.2 Testablauf

Zuallererst wird mit dem allgemeinen Aufwärmen durch laufen auf dem Laufband begonnen. Das allgemeine Aufwärmen dient der Aktivierung des Herz-Kreislauf-Systems und der psychischen Einstimmung (Freiwald, 1991; Maehl & Höhnke 1988; Schulte 1986; Tiedt 1979). Darauf folgt das spezielle Aufwärmen, in Form von Dehnübungen und der Durchführung von 2-3 leichten Sätzen an den ausgewählten Geräten, ohne zusätzliches Gewicht. So kann sich die Probandin an die Bewegungsabläufe gewöhnen und die richtige Durchführung gesichert werden. Für das Kraftausdauertraining ist nun durch Ausprobieren das Gewicht so zu wählen, dass die Belastung ab der ca. 20. Wiederholung als mittel bis schwer empfunden wird (Boeckh-Behrens & Buskies, 2006, S. 170-183).

Das Startgewicht wird anhand von Erfahrungswerten des Trainers bestimmt. Zuvor wurde die Skalierung des Belastungsempfindens ausführlich besprochen.

Zwischen den einzelnen Übungen erfolgt eine Pause, die sich nach der individuellen Einschätzung der Probandin richtet, um diese nicht zu überfordern.

Da die Probandin Anfängerin ist wird der Krafttest bei jeder Übung mit nur einem Satz durchgeführt.

1.2.3 Testergebnisse

Tabelle 3: Testergebnisse für subjektive Intensität „mittel bis schwer"

Übung	Wiederholungen	Empfindung der Intensität 4-6* bei x kg
Beinpresse	20	30 kg
Rudern an der Ruder-Maschine	20	12 kg
Brustpresse	20	9 kg
Schulterpresse	20	9 kg
Sit-up Maschine	20	5 kg

1.2.4 Fazit

Da der Krafttest mit derselben Wiederholungszahl durchgeführt wurde wie die angesetzten Wiederholungen im ersten Mesozyklus können die Gewichte übernommen werden. Nach dem ersten Mesozyklus wird erneut ein Krafttest durchgeführt, dann jedoch mit der im Mesozyklus zwei festgelegten Anzahl von Wiederholungen und Sätzen.

2 Zielsetzung/Prognose

2.1 Ziele

Tabelle 4: Ziele

	Parameter	Inhalt	Ausmaß	Zeit
Ziel 1	Biometrisch	Steigerung der Muskelmasse	2 kg	in 6 Monaten
Ziel 2	sportmotorisch	Kraftsteigerung bei den Übungen Ruder Maschine und Schulterpresse	um 10%	in 6 Monaten
Ziel 3	sportmotorisch	Steigerung der Kraftausdauer	um 10%	in 6 Monaten

2.2 Zielbegründung

2.2.1 Steigerung der Muskelmasse

Da sich der BMI der Probandin an der unteren Grenze des Normalbereichs befindet, ergibt sich somit die Steigerung der Muskelmasse und die damit einhergehende Gewichtszunahme als ein naheliegendes Ziel.

2.2.2 Prävention von Haltungsproblemen

Die berufliche Situation der Probandin bedingt überwiegendes Sitzen. Dies kann, bei einem nicht ausreichend gestärkten Rücken, langfristig gesehen zu Haltungsproblemen führen. Daher ist es sinnvoll diesen präventiv, durch Kraftsteigerung im Rücken, entgegenzuwirken.

2.2.3 Linderung depressiver Symptomatik

Der Probandin wurden mittelschwere Depressionen diagnostiziert. Da es sich hierbei um eine psychosomatische Erkrankung handelt, liegt es nahe, die Symptomatik zusätzlich sporttherapeutisch zu lindern. Zwar führt bei Betrachtung des Modells der Anpassungsreserve jede Art der Belastung zu einer Anpassung des Organismus, jedoch haben sich vor allem sportliche Tätigkeiten im Ausdauerbereich hierbei als sinnvoll erwiesen.

3 Trainingsplanung Makrozyklus

3.1 Makrozyklus

Tabelle 5: Makrozyklus

	Mesozyklus 1	Mesozyklus 2	Mesozyklus 3	Mesozyklus 4
Übergeordnete Methode	Sanftes Krafttraining nach dem subjektiven Belastungsempfinden			
Dauer	6 Wochen	6 Wochen	8 Wochen	6 Wochen
Trainingsziel	Kraftausdauer	Übergangstraining	Muskelaufbau (extensiv)	Muskelaufbau (intensiv)
Häufigkeit/ Woche	2x	2x	2x	3x
Organisationsform	Ganzkörper/ Station	Ganzkörper/ Zirkel	Ganzkörper/ Station	Ganzkörper/ Zirkel
Übungen/Muskel	1	1	2	2
Sätze/ Übung	1	2	2	2
Satzpausen	max. 60 Sekunden	60 Sekunden	60-90 Sekunden	60-90 Sekunden

	Mesozyklus 1	Mesozyklus 2	Mesozyklus 3	Mesozyklus 4
Wiederholungs-zahlen	15-20	12-15	8-12	6-8
Intensität	4-6*	4-6*	4-6*	4-6*
Bewegungs-tempo	3-0-3/ 2-0-2	3-0-3/ 2-0-2	3-0-3/ 2-0-2	3-0-3/ 2-0-2

* nach der siebenstufigen Skala zur Ermittlung des subjektiven Belastungsempfinden (Boeckh-Behrens & Buskies, 2002, S. 32

3.2. Begründung ৫ Makrozyklus

3.2.1 Trainingsmethode

Als übergeordnete Trainingsmethode wurde, komplementär zur genutzten Krafttestung, der Ansatz des „sanften Krafttrainings" nach dem subjektiven Belastungsempfinden ge-wählt. Diese Methode ist besonders für Anfänger geeignet, da hier absichtlich nicht bis zur muskulären Ausbelastung gearbeitet wird. Der Vorteil dieser Methode gegenüber an-derer Trainingsmethoden ist unter anderem, eine reduzierte Ausschüttung von Ketechola-mine und eine verminderte Muskelkatergefahr (Boeckh-Behrens & Buskies, 2001, S.54), was bedeutend für den Umgang mit der psychosomatischen Erkrankung der Probandin ist. Aus gesundheitlicher Sicht ist das Verhältnis von Effektivität, Belastung und Risiko deutlich günstiger (Buskies, 1999, S. 320). Zudem qualifiziert sich diese Methode zusätz-lich durch umfangreiche Studien, welche nachweisen, dass das subjektive Belastungs-empfinden im Krafttraining zur Steuerung der Belastungsintensität geeignet ist (Buskies, 2001, S. 45-60). Diese ist im Zusammenhang mit der Probandin besonders relevant, da diese Studie auch an 64 kraft-untrainierten Frauen durgeführt wurde. Zwar besteht nach Glass und Stanton (2004, S. 324-327) das Risiko, dass die Belastungsintensität von un-trainierten Probanden falsch eingeschätzt werden könnte, jedoch ist in diesem Fall nicht davon auszugehen, da die Probandin durch den Tanzsport vermutlich das nötige Körper-gefühl besitzt. Dieser Risikofaktor wurde zusätzlich, wie bei der Begründung des Kraft-testungsverfahrens bereits erläutert, durch die Nutzung der siebenstufigen Skala mini-miert.

3.2.2 Belastungsparameter

Die Trainingseinheiten in der Woche richten sich vorrangig nach dem zeitlichen Verfügbarkeitsrahmen der Probandin. Außerdem richten sich die Belastungsparameter wie beispielsweise Wiederholungen, Intensität, Sätze je Übung und Pausenzeiten nach den wichtigsten Belastungskomponenten des sanften Krafttrainings gemäß des subjektiven Belastungsempfindens (Boeckh-Behrens & Buskies, 2002, S. 47).

3.2.3 Organisationsform

Aufgrund der zeitlichen Verfügbarkeit der Probandin, sind alle Mesozyklen aus einem Ganzkörpertraining bestehend. Nach Buskies & Boeckh-Behrens (2009) ist bei zwei bis drei Trainingseinheiten in der Woche kein Spliting notwendig.

3.2.4 Periodisierung

Die Periodisierung ergibt sich aus den zuvor formulierten Zielen der Probandin. Begonnen wird mit einem sechs-wöchigem Erwerb von Kraftausdauer. Damit soll die mögliche sporttherapeutische Wirkung zur ergänzenden Behandlung der mittelschweren Depressionen erwirkt werden (Ernst C et al., 2006). Zusätzlich erfolgt durch das Training der Kraftausdauer ein erster geringer Muskelaufbau und eine geringe Verbesserung der Maximalkraft. Dadurch sind wichtige Grundlagen für die folgende Periodisierung und die einhergehende lineare Steigerung der Intensität gegeben. Die zweite Periodisierung ist ein Übergangstraining. Dieser Mesozyklus dient als sechs-wöchigen Einstieg in das intensivere acht-wöchige Training des Muskelaufbaus. Die dritte Periode widmet sich dann dem eben erwähnten Muskelaufbau, welcher zuvor als Hauptziel bestimmt wurde, woraus sich der Zeitraum von acht Wochen ergibt. Vorerst wird extensiver Muskelaufbau betrieben, bevor dieser dann in der vierten Periode zu einem intensiven Muskelaufbau gesteigert wird. Um die Probandin nicht maximal auszulasten wird diese letzte Periode wieder auf sechs Wochen herabgestuft.

4 Trainingsplanung Mesozyklus

4.1 Mesozyklus

Tabelle 6: Mesozyklus

Mesozyklus 1				
Zyklusdauer		6 Wochen		
Spezifisches Trainingsziel		Kraftausdauer		
Trainingseinheiten/ Woche		2		
Organisationsform		Ganzkörper		
Intensität		4-6*		
Übung	Wdh*	Sätze	Satzpausen	Bewegungs-tempo
Beinpresse	20	1	30-90 Sek.	3-0-3
Rudern an der Ruder Maschine	20	1	30-90 Sek.	2-0-2
Brustpresse	20	1	30-90 Sek.	2-0-2
Schulterpresse	20	1	30-90 Sek.	2-0-2
Sit-up Maschine	20	1	30-90 Sek.	2-0-2

* nach der siebenstufigen Skala zur Ermittlung des subjektiven Belastungsempfinden (Boeckh-Behrens & Buskies, 2002, S. 32)

* Wdh= Wiederholungen

4.2 Begründung des Mesozyklus

Da es sich um ein Ganzkörpertraining handelt, wird besonders darauf geachtet die groß-flächige Muskulatur zu trainieren. Der Fokus liegt dabei auf mehrgelenkigen Übungen, um so die einzelnen Gelenke zu entlasten und das intramuskuläre Zusammenspiel der Muskeln innerhalb einer Muskelgruppe zu fördern. Durch Krafttraining mit Geräten soll eine motorische Überforderung verhindert und fehlerhaften Ausführungen vorgebeugt werden. Die Reihenfolge der Übungen ergibt sich aus der Berücksichtigung des natürlichen Kraftverlusts im Training.

Übungsbegründung

Beinpresse:

Diese Übung trainiert eine Vielzahl an Muskeln der unteren Extremitäten. Darunter der große Gesäßmuskel, der vierköpfige Oberschenkelmuskel und die ischiocrurale Musku-latur. Da es während der Übung sowohl zu einer Extension des Hüftgelenks, als auch des

Kniegelenks kommt, handelt es sich hierbei um eine mehrgelenkige Übung, was diese besonders für das Training qualifiziert.

Rudern an der Maschine:

Bei dieser Übung wird primär die obere Rückenmuskulatur und die hintere Schultermuskulatur beansprucht. Diese beinhaltet oberen, mittleren und unteren Anteil der Trapezmuskulatur, den großen und kleinen Rautenmuskel, den großen Rückenmuskel und den hinteren Anteil des Deltamuskels. Auch hierbei handelt es sich um eine mehrgelenkige Übung. Diese Übung ist für eines der definierten Ziele essenziell, da die Stärkung der Rückenmuskulatur für eine aufrechte Haltung sorgt.

Brustpresse:

Die Brustpresse trainiert primär den großen Brustmuskel, aber auch den vorderen Deltamuskel, den Ellenbogenhöckermuskel und den dreiköpfigen Oberarmmuskel. Die Kombination aus Anteversion und Adduktion des Schultergelenks und die Extension des Ellenbogengelenks, macht auch diese Übung zu einer mehrgelenkigen. Die Stärkung der eben genannten Muskulatur bietet den Ausgleich zur Rückenmuskulatur und trägt ebenfalls zur aufrechten Haltung bei.

Schulterpresse:

Diese mehrgelenkige Übung hat den Sinn, alle Teile des Deltamuskels zu beanspruchen.

Sit-up Maschine:

Die letzte Übung des Mesozyklus hat durch Beanspruchung von schräger und gerader Bauchmuskulatur die Stärkung des Rumpfes zur Folge.

5 Literaturrecherche
5.1 Effekte des Krafttrainings bei Osteoporose
5.1.1 Studie 1
Tabelle 7: Studie 1

Fragestellung	Ergebnis
Wer hat die Studie durchgeführt?	H. Franck; W. Hohmann
In welchem Jahr wurde die Studie publiziert?	2001
Welche Forschungsfrage wurde untersucht?	Verbessert ein spezielles Sportrehabilitationstraining die Funktionskapazität, Schmerzhaftigkeit und Leistungsfähigkeit bei Patienten mit Osteoporose
Fragestellung	Ergebnis
Mit welchen Versuchspersonen wurde die Studie durchgeführt?	442 Patienten mit einer diagnostizierten Osteoporose nach WHO Definition (374 weibliche Patienten im Durchschnittsalter von 53,7 Jahren; 68 männliche Patienten im Durchschnittsalter von 52,8); 283 Patienten mit diagnostizierter Osteoarthrose (156 weibliche Patienten im Durchschnittsalter von 49,2 Jahren; 127 männliche Patienten im Durchschnittsalter von 50,1 Jahren)
Wie sah der Versuchsaufbau der Studie aus?	Vor und nach einem vier.wöcheigem Sportprogramm wurden die Funktionskapazität und die wichtigsten Kenndaten der Versuchspersonen ermittelt. Zudem erfolgte eine persönliche Einschätzung von Leistungsfähigkeit der Versuchspersonen mittels Fragebögen. Nach den vier Wochen wurden die relevanten Ergebnisse mit den Daten von gleichaltrigen Personen mit einer degenerativen Wirbelsäulenerkrankung verglichen. Das Sportprogramm setzte sich aus einer Vielzahl unterschiedlichen Sportarten zusammen, darunter Schwimmen und Krafttraining
Welche relevanten Ergebnisse und Schlussfolgerungen liefert die Studie?	Die Osteoporosepatietinnen erreichten durch das Sportprogramm das altersentsprechende Leistungsniveau. Die Männer zeigten deutliche Veränderungen. Es kam insgesamt zu einer wahrnehmbaren Verbesserung der Leistungsfähigkeit

5.1.2 Studie 2

Tabelle 8: Studie 2

Fragestellung	Ergebnis
Wer hat die Studie durchgeführt?	M. Siegrist; C. Lammel; D. Jeschke
In welchem Jahr wurde die Studie publiziert?	2006
Welche Forschungsfrage wurde untersucht?	Welche Effekte haben verschiedene Trainingsprogramme auf Knochen, Muskelkraft, dynamische Leistungsfähigkeit und Befindlichkeit bei postmenopausalen Frauen mit Osteoporose?
Fragestellung	**Ergebnis**
Mit welchen Versuchspersonen wurde die Studie durchgeführt?	Mit 69 postmenopausalen Frauen mit Osteoporose
Wie sah der Versuchsaufbau der Studie aus?	Alle Versuchspersonen machten zweimal pro Woche angeleitete Wirbelsäulengymnastik. 26 Frauen nahmen zusätzlich zweimal Wöchentlich an einem Krafttraining teil und 23 Frauen an einem Training mit Vibrationsgeräten. 20 Frauen nahmen ausschließlich an der Wirbelsäulengymnastik teil.
Welche relevanten Ergebnisse und Schlussfolgerungen liefert die Studie?	Krafttraining: Vergrößerung der Knochenfläche am Oberschenkelhals, Kraftzunahme (Armstrecker, Beinbeuger, Beinkraft), maximale Leistung verbesserte sich um 8% Wirbelsäulengymnastik: gesteigertes Wohlbefinden der Probandinnen und eine Steigerung der maximalen Leistungsfähigkeit um 6% Vibrationstraining mit Zusatzgewicht: Bewirkte eine Kraftzunahme

Berner, D. (2008). Wirkung von Ausdauerleistungstraining auf gehirnvolumetsche Pro zesse bei Patienten mit Schizophrenie und gesunden Kontrollprobanden. Disser-tation, Universität des Saarlandes. Saarbrücken. Abgerufen 9. Mai 2020, von https://publikationen.sulb.uni-saar-land.de/bitstream/20.500.11880/21142/1/DoktorarbeitBerner2008.pdf

Body mass index - BMI. (2020). Abgerufen 5. Mai 2020, von http://www.euro.who.int/en/health-topics/disease-prevention/nutrition/a-healthy-lifestyle/body-mass-index-bmi

Eifler, C. (2013). Empirische Überprüfung der Effekte verschiedener Ansätze zur Inten sitätssteuerung im fitnessorientierten Krafttraining. Dissertation, Universität des Saarlandes. Sarbrücken. Abgerufen 10. Mai 2020, von https://sci-dok.sulb.uni-saarland.de/handle/20.500.11880/23424

Franck, H., & Hohmann, W. (2001). Verbesserung der Funktionskapazität, der Schmerz haftigkeit und der Leistungsfähigkeit bei Patienten mit Osteoporose durch ein spe-zielles Sportrehabilitationstraining. Abgerufen 10. Mai 2020, von https://www.germanjournalsportsmedicine.com/fileadmin/content/ar-chiv2001/heft02/a03_0202.pdf

Greiwing, A. (2006). Zum Einfluss verschiedener Krafttrainingsmethoden auf Maximal kraft und Kraftausdauer sowie auf die Muskeldicke des M. quadrizeps femoris. In-auguraldissertation, Bergische Universität Wuppertal. Abgerufen 5. Mai 2020, von http://elpub.bib.uni-wuppertal.de/servlets/DerivateServlet/Derivate-1164/dg0601.pdf

Heimbeck, A. (2008). Bewegungsorientierte Interventionen und depressive Erkrankun gen Ein Prä-Post-Vergleich von zwei unterschiedlich akzentuierten bewegungsthe-rapeutischen Interventionen. Dissertation, Universität Dortmund. Dortmund. Ab-gerufen 11. Mai 2020, von https://d-nb.info/997710020/34

Heller Martin. (2010). Zur Problematik der Trainingssteuerung über die Belastungsin tensität bei fixierten Wiederholungszahlen im Krafttraining Interindividuelle und intraindividuelle Unterschiede bei den Übungen Bankdrücken und Bankziehen. Magisterarbeit, Universität Wien. Wien. Abgerufen 12. Mai 2020, von http://othes.univie.ac.at/8882/1/2010-03-05_0347219.pdf

Humburg, H. (2005). 1-Satz- vs. 3-Satz-Training Die Auswirkungen des Krafttrainingsvo lumens auf Maximalkraft, Kraftausdauer, Muskeldicke und neuronale Faktoren. Dissertation, Universität Hamburg. Hamburg. Abgerufen 11. Mai 2020, von https://ediss.sub.uni-hamburg.de/volltexte/2007/3165/pdf/Dissertation_Hartmut_Humburg.pdf

Sabine Croci | BlutdruckDaten. (2020). Abgerufen 13. Mai 2020, von https://www.blutdruckdaten.de/autoren/sabine-croci.html

Schiffer, H. (1998). Untersuchung der verletzungsprophylaktischen Wirkung des Aufwärmens durch Befragung verletzter Sportler bezüglich ihres Aufwärmverhaltens - eine retrospektive Studie. Dissertation, Deutschen Sporthochschule Köln. Köln. Abgerufen 10. Mai 2020, von https://www.vifasport.de/Hochschulschriften/Dissertationen-Campus/1998/Heike_Schiffer/DissHSchiffer98.pdf

Siegrist, M., Lammel, C., & Jeschke, D. (2006). Krafttraining an konventionellen bzw. oszillierenden Geräten und Wirbelsäulengymnastik in der Prävention der Osteoporose bei postmenopausalen Frauen. Abgerufen 11. Mai 2020, von https://www.germanjournalsportsmedicine.com/fileadmin/content/archiv2006/heft07_08/182-188.pdf

7 Abbildungs- und Tabellenverzeichnis

7.1 Tabellenverzeichnis

BEI GRIN MACHT SICH IHR
WISSEN BEZAHLT

- Wir veröffentlichen Ihre Hausarbeit,
  Bachelor- und Masterarbeit

- Ihr eigenes eBook und Buch -
  weltweit in allen wichtigen Shops

- Verdienen Sie an jedem Verkauf

Jetzt bei www.GRIN.com hochladen
und kostenlos publizieren